（人文篇）

U0147368

总主编　慕振亮

本册主编　隋爱丽　迟　辉　周　凯　张晓琳

电子工业出版社

Publishing House of Electronics Industry

北京·BEIJING

总 主 编	慕振亮			
本册主编	隋爱丽	迟 辉	周 凯	张晓琳
本册编写人员	张亚兰	王晓妮	刘金晓	李 慧	张义圆	栗 营
	谭 静	周辰烨	王 玮	马翠文	王宁静	曹 锁
	陈 腾	杨 健	刘豪玉	刘 爽	张卓玉

图书在版编目（CIP）数据

数学令人如此着迷．人文篇 / 慕振亮总主编；隋爱丽等主编．-- 北京：电子工业出版社，2024. 6.

ISBN 978-7-121-48239-7

Ⅰ．G634.603

中国国家版本馆 CIP 数据核字第 20247RV188 号

责任编辑：邓峰 葛卉婷

印　　刷：天津嘉恒印务有限公司

装　　订：天津嘉恒印务有限公司

出版发行：电子工业出版社

　　　　　北京市海淀区万寿路 173 信箱　　邮编：100036

开　　本：787×1092　1/16　印张：6　　字数：115.2 千字

版　　次：2024 年 6 月第 1 版

印　　次：2024 年 6 月第 1 次印刷

定　　价：39.80 元

目　录

探寻苗族的银华盛装 1

小粽子中的大数学 5

木构建筑瑰宝之侗族鼓楼 8

蒙古文化里的数学艺术 12

血液 —— 身体里的河流 15

神秘的雪花 18

小足球里的大学问 20

金字塔中的神奇数字 24

读心术 28

神奇的密铺 33

画鸡蛋 36

迷人的莫比乌斯环 39

苏州博物馆中的几何美 42

√2 与规矩方圆 47

光影之下的金字塔 49

揭秘蒙古包 53

方圆天地间，土楼真不土 57

对联中的数学 61

京剧脸谱的秘密 65

西汉帝陵有多大 69

权衡与质量 72

古代的计时神器 75

普洱茶饼为什么是 357 克 77

环环相扣，妙趣横生 79

地震逃生中的生命三角 82

海拔知多少 84

京杭大运河 87

数学龙卷风 90

探寻苗族的银华盛装

"三峡楼台淹日月，五溪衣服共云山。"这是唐代诗人杜甫写下的赞美苗族服饰的诗句，意指苗服的色彩足以与天上的云霞媲美。苗族服装以其别具一格的设计、鲜艳夺目的色彩闻名于世；苗族的银饰工艺更是巧夺天工，令人叹为观止。两者都是苗族文化的瑰宝，其图案设计极为讲究对称性。这些图案往往通过巧妙运用三角形、菱形、矩形等图形，经过平移、旋转或者对称变换等手法创作而成。

苗族是一个古老神秘的民族，他们用针线、白银描绘出许多曼妙的图腾。服饰和银饰是苗族文化的重要组成部分，其历史可以追溯到数千年前。

在古代，由于苗族没有自己的文字，服饰文化在某种程度上承担了重要的文化传承作用，记载着苗族的社会文化、社会变迁等，因此苗族服饰被史学家们称为"穿戴在身上的史诗图腾"。苗族服饰的绣制纹样多为动物纹、人物纹、植物纹和几何纹等，一件服饰的纹样一般有一个主题，其他纹样作为点缀，使得图案更加丰满。

在丹寨县等地区，百鸟衣以其精美的刺绣和独特的文化内涵著名，可作为当地苗族人的节日盛装，通常在传统节日和重要场合中出现。

百鸟衣与苗族古代鸟图腾有关。上古蚩尤部落中"羽族"之一的后裔，以鸟为图腾，他们本着对鸟的感恩，将百鸟刺绣在衣服上，表示崇拜。百鸟衣的上衣是无领、无扣、对襟的直身衣，通常以蓝色或黑色为基调，配以五彩斑斓的刺绣图案。这些图案通常以鸟类为主题，包括各种不同种类的鸟类形象。

百鸟衣正面的主要纹饰是鸟龙纹，上面装饰有长方形、圆形等几何图形。如果我们沿着衣服的中线对折，可以发现衣服两边的图案完全重合，整体图案构成一个轴对称图形。衣服背面的主要纹饰中也装饰有正方形、圆形等几何图形，主体图案也是一个轴对称图形。

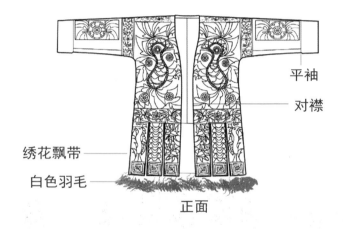

平袖

对襟

绣花飘带

白色羽毛

正面

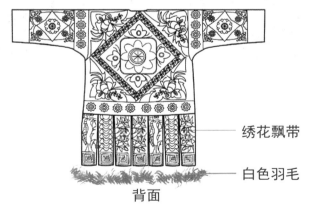

绣花飘带

白色羽毛

背面

在苗族银饰的图案中也存在许多对称图形和几何变换，这些对称图形使得银饰在视觉上更加平衡和谐。下图展示的都是苗族银饰，包括三角形、圆形等几何图形，以及通过简单图形对称或平移变换组合成的图形。苗族银饰中重复图形很常见，一个或多个图形不断重复出现，形成一个整体，从而起到装饰作用。苗族人民善于利用重复图形来装饰银饰，比如利用大小和形状相同的花朵图案，排列成圆圈状，营造出独特的美感。苗族银饰中常见的环形花朵图案，是由若干个花朵图形围绕着一个中心点排列而成的。这种环形花朵图案在苗族银饰中非常受欢迎，不仅美观，而且体现了数学中的周期性重复原理。

无论是苗族的服饰还是银饰，都是传统工艺与美学的完美结合，它们不仅展现了苗族的深厚文化内涵，更是苗族文化的载体。通过研究和了解苗族服饰与银饰中的数学文化，我们可以更好地了解苗族的历史以及苗族人民的智慧和创造力。

小粽子中的大数学

"粽子是用青青的箬竹叶包的，里面裹着白白的糯米，中间有一颗红红的枣。外婆一掀开锅盖，煮熟的粽子就飘出一股清香来。剥开粽叶，咬一口粽子，真是又黏又甜。"这是语文课文中对粽子的描述，粽子中那独特的香气，随着端午节的到来，弥漫在每一个家庭的角落。粽子不仅是一种食物，更是一种文化，它有着丰富的历史底蕴，更蕴藏着许多数学知识。

粽子又称"角黍""角粽"，由粽叶包裹糯米蒸制而成，是端午节的传统美食之一。

端午节是中华民族的传统节日之一，在每年农历五月初五，又名"五月节""龙舟节"等。关于端午节的来历，有很多说法，其中广泛流传的是纪念屈原的说法。

屈原是中国历史上一位伟大的爱国诗人，被誉为"楚辞之祖"，他生活在战国时期的楚国，因直言敢谏而遭诽谤，最终被流放。在流放期间，他创作了大量的诗歌作品，这些作品充满了对楚国的热爱以及对楚国未来的深深忧虑，展现出了他坚定的爱国信念，对后世的文学创作产生了深远的影响。公元前278年，楚国郢都被秦军攻破，屈原自沉于汨罗江，以身殉国。老百姓怕江河里的鱼虾吃掉他的身体，纷纷将糯米、蛋黄、肉等食物包裹在竹叶或苇叶中，投入江里，这便是最早的粽子。

因地域不同，粽子也形成了各具特色的地方风味，北方的粽子多以白米、赤豆、枣等为主要馅料，而南方的粽子则口味更丰富，除了上述馅料，还有排骨、莲蓉等多种选择。除了口味，粽子的形状也五花八门，有长方体形、竹筒形、圆锥形、金字塔形等。最常见的还是"四角粽子"，也就是四面体形状的粽子。

四面体又可以称为"三棱锥"，如下图所示。它由六条棱、四个顶点、四个面组成，其中每个面都是三角形，每个三角形都与一个顶点相对。当底面为正三角形且其他三个面相等时，它被称为"正三棱锥"。如果底面与其他三个面都是正三角形，那么它就叫作"正四面体"。

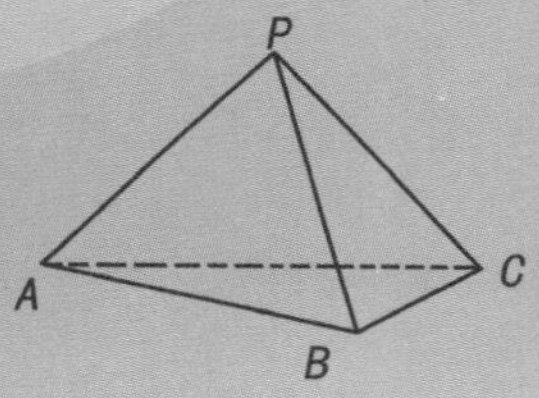

为什么粽子常常被做成四面体呢？

首先，因为四面体有一个非常重要的性质就是稳定，做成四面体在蒸煮的过程中粽子不容易变形。只要确定四面体六条棱的长度，就能拼出一个唯一的四面体。四面体的数学性质在这里得到了完美的应用。

其次，如下图所示，从长方体的展开图可以看出，如果用两片叶子包长方体形状的粽子，就需要做到使两个相邻的面使用的粽叶完美弯折，让糯米既不掉出来，也不浪费粽叶。但粽叶垂直弯折非常容易破损，想用两片叶子包一个长方体形状的粽子很难实现。"四角粽子"虽然不一定是正四面体，但通常四个面是相同的等边三角形，将这个四面体的表面拆开，可以得到两个相等的菱形，如右图所示，这就意味着用两片相似的细长叶子，正好可以包裹住糯米，做到了物尽其用。

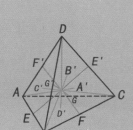

最后，正四面体还有一个特点——拥有四条三重旋转对称轴、六个对称面，如右图所示。A'、B'、C'、D' 分别是与顶点 A、B、C、D 相对的正三角形面的中心。所以，AA'、BB'、CC'、DD' 是正四面体的四个三重对称轴。所谓三重对称轴，就是指正四面体绕这个轴旋转相同的角度 3 次后，正好转过一周，又回到原来的位置，而 3 次旋转中，每一次旋转后正四面体所转到的位置与原正四面体重合，就像没有转动过一样。

这里每一次的转角是 120°，即 360° 除以 3，其中 3 为正四面体的正多边形面的边数，因为每个面是正三角形，所以边数为 3。这时候的粽子，不管你怎样放置都不会歪。

粽子不仅是一种美食，还是一种文化的传承。粽子与数学的奇妙结合，让我们看到了传统文化的魅力和数学的实用价值，让我们在端午节这个特殊的节日里，一起品味数学与文化的双重魅力吧！

木构建筑瑰宝之侗族鼓楼

　　稻田、梯田、人家……这里是位于深山里的原始村寨——侗族村寨。哪里有侗族，哪里就有鼓楼。鼓楼因其楼的顶部有一面用于通风报信的木鼓而得名，在侗族人民的生活中起着重要的作用，是侗族人民举行集会、进行议事的地方，也是侗族人民拜祭、休息和接待宾客的重要场所。鼓楼外形高大挺拔，建筑工艺精妙绝伦，楼体上的彩绘图案栩栩如生，从远处看，宛如一个村寨的"丰碑"，令人肃然起敬。

　　鼓楼是侗族的三大瑰宝之一，本名"堂瓦"，是侗族人民进行公众活动的场所，在明朝时期又被叫作"罗汉楼"。较早的关于鼓楼的文献资料有明末诗人邝露的《赤雅》："以大木一株埋地，作独脚楼，高百尺，烧五色瓦覆之，望之若锦鳞矣。"清朝时期，鼓楼被称为"聚堂"，李宗昉的《黔记》中记载："邻近诸寨，共于高坦处造一楼，高数层，名聚堂。用一木杆，长数丈（尺），空其中，以悬于顶，名长鼓。"因楼中悬鼓，结合中原地区的称谓，后得名"鼓楼"。

　　侗族鼓楼通过由杉木制作的榫卯进行连接（一块材料在连接处制作凸出的木榫，另一块材料凿入相应尺寸的木卯，将木榫插入卯完成连接的方式叫"榫连接"），如下图所示。鼓楼的顶梁柱凌空而起，排枋（梁与

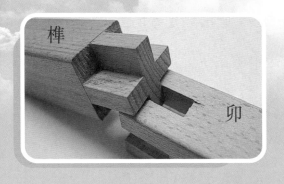

枋都是置于柱顶或柱间的横木，因所处位置和方向不同而被称为梁或枋）纵横交错，上下吻合，利用杠杆原理，一层一层地支撑起来。鼓楼的全部建造过程仅依赖于一把角尺和一个墨斗盒，建筑师借助它们把成百上千个复杂的木质横梁、立柱、橡、枋、横板等组件连接起来。虽然在搭建过程中并未使用一钉一铆，但鼓楼在建成后极其稳固，能够保持数百年不腐朽、不倾斜，展示出侗族工匠师傅们的高超技艺。2006年，侗族木结构建筑营造技艺被列入国家级非物质文化遗产。

角尺

墨斗盒

一座已经建好的鼓楼，顶部是一连串的葫芦形尖顶，中央是一层层的叠楼，就像一座宝塔。鼓楼的楼檐通常有四角、六角和八角，每一面的凸出部分都有翘角，重檐层层叠加，从上到下，一层比一层大，如左图所示。

鼓楼的基本结构呈现出对称性，在鼓楼中，我们可见到正方形、正六边形、正八边形等平面图形。鉴于鼓楼的独特建筑风格特点，建筑师需要处理平分任意角的问题。让我们一起看看，在没有量角器和圆规的情况下，他们是如何实现平分任意角的。

方法一：

（1）在∠AOB的边OA与边OB上，用带有刻度的"角尺"测量得到点A′和点B′，使OA′=OB′。

（2）连接点A′和点B′，得到等腰三角形OA′B′。

（3）用"角尺"作线段OO′，使OO′与A′B′垂直，OO′就是∠AOB的角平分线。

方法二：

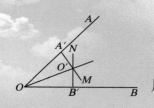

（1）在∠AOB的两条边上，利用带有刻度的"角尺"测量得到点A'和点B'，使OA'=OB'。

（2）过点A'，用"角尺"作线段MA'，使MA'⊥OA；再过点B'，作线段NB'，使NB'⊥OB，线段MA'和线段NB'相交于O'，OO'就是∠AOB的角平分线。

这两种作图方法均应用了"斜边和直角边对应相等的直角三角形全等"的几何理论知识。

鼓楼建筑师所采用的平分任意角的作图方法，与古希腊的尺规作图原理是一致的。古希腊的尺规作图侧重于培养数学思维能力，而鼓楼建筑师使用"角尺"作图则侧重于实际应用。虽然两者的侧重点有所不同，但他们利用初等几何基本性质作图的方法却是相通的。

建造一座六面鼓楼，就要对圆周角进行六等分；建造一座八面鼓楼，就要对圆周角进行八等分。同学们，请你们根据鼓楼建筑师的作图方法思考，怎样才能实现圆周角的六等分或八等分？

蒙古文化里的数学艺术

辽阔的蒙古高原上，生活着这样一个民族——蒙古族，大家称其为"马背上的民族"。

蒙古族文化里的数学知识非常多，涵盖了数字、几何等方面，人们将数学知识广泛地应用到生活实践中，在天文历法、服饰艺术、工艺美术等领域中都有数学知识的影子，形成了具有民族特色的数学文化。

4	9	2
3	5	7
8	1	6

一、蒙古族的数字文化

蒙古族有一部古经，叫作《珠露海》，其中独特的数理算法，虽然学起来比较难，但是运用到实际中运算速度要比在纸上计算快很多。《珠露海》中用藏文记录了"三阶纵横图"（又名"三阶幻方"），即数字 1~9 排列组合成一个正方形，每行、每列和每条对角线上的 3 个数字相加都等于 15。

如果数字不是 1~9，而是 2~10，或者 11~19，又或者是 2、4、6、8、10、12、14、16、18，你还会填写吗？告诉大家一个口诀：中间为五，二四为肩，六八为足，上九下一，左七右三。口诀中的数字是指第几个数字，如"中间为五"是指把第 5 个数字（以 2、4、6、8、10、12、14、16、18 为例，第 5 个数字就是 10）填在中间的格子里。用这个口诀对照着下面的纵横图，就能很快填写出来了。小朋友们，你们学会了吗？

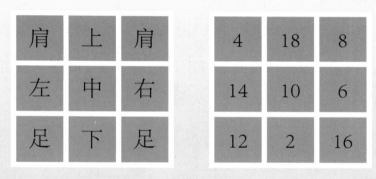

对于蒙古族来说，数字还有着哲学含义，他们经常在占卜中用到数字，每个数字都代表不同的意义。例如，数字"1"具有神奇的力量，是一切事物的开端；数字"2"来源于阴阳学说，指事物具有双面性或两重性；数字"3"就更加复杂了，人们用天上三星的位置定义夜间时间的流逝，他们崇尚三段论法，在很多设计中都能看到与 3 有关的图案，蒙古包和蒙古炉的设计也与"三点确定一个平面"的几何理论知识相关，其他的数字也都有自己的含义。

二、蒙古族的几何文化

蒙古族的几何文化也非常丰富，且具有民族特色。蒙古族的鹿棋盘由简单的几何图形组成，如三角形、正方形、梯形等。鹿棋盘是狩猎文化的结晶，可以帮助儿童增长智慧，是蒙古族家庭教育的重要组成部分。

蒙古包的设计也体现了蒙古族的几何文化，它的结构一般遵循固定

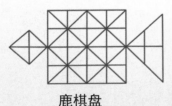

鹿棋盘

的比例，如黄金比例，并添加有一些简单的图形设计，体现了人们对数学美的追求。在民族服饰和美术图案设计中也能找到比例的存在。

前面我们说过的有关数字"3"的三段论法，也经常被用在蒙古族工艺美术图案设计上，即把一个造型三等分后再进行图案设计。

人面像岩刻

马头琴图案

蒙古族对几何美的追求不止如此，轴对称图案、中心对称图案和旋转变换图案也随处可见。

肚兜图案
轴对称图案

凤纹（瓷器）
中心对称图案

装饰花纹
旋转变换图案

无论是数字文化还是几何文化，都是蒙古族智慧的结晶，都是具有蒙古族特色的数学文化，对后世有着重要的意义。

血液——身体里的河流

世界上有众多河流，它们奔腾不息，船只在河道里航行，运输人员和货物，促进社会经济的发展。此刻在你的身体里，也有无数条"河流"在汹涌前行，你的每次呼吸、每次心跳、每个动作，都离不开身体里的河流——血液河流。血液将人体所需要的氧气和营养运送到全身的细胞中，让我们的身体正常运转，保持健康。

小朋友们，你们想不想知道人体里有多少血液？血液里都有什么？它是怎样工作的呢？让我们一起来探究吧！

在我们的身体里，有无数根血管，它们遍布身体的每个角落，血管相当于河流的"河道"，血液在血管里循环流转。成年人体内的血液总量约占体重的 7%~8%，相当于每千克体重中有 70~80 毫升的血液。若成年人体重为 60千克，则体内血液约有 4200~4800 毫升。同学们可以根据自己的体重，计算一下自己体内有多少血液。

　　人体内的血液总量在一个较大的范围内波动。当一个人受伤，而失血量较少时，身体会"放出"一部分血液来补充，从而保证血液的正常循环，如果一个人的血液流失量达到总血量的20%，就会造成人体运转失衡；超过30%或更多，就可能危及生命。所以小朋友们要保护好自己的身体，不要受伤。

　　我们再来看看血液的成分，血液中有血浆、血细胞等，如果把血浆类比成"河水"，血细胞就等同于"小船"在血浆中航行。

　　血浆占总血量的50%~60%，是维持人体正常运转的重要液体，血浆可以承载血细胞航行，维持人体酸碱平衡，调节体温。

　　血细胞主要由红细胞、白细胞和血小板组成。以成年男性为例，红细胞在血液中所占比例为40%~50%，白细胞和血小板共占1%。而在成年女性血液中，红细胞所占比例为37%~48%，比在成年男性血液中占比更低。红细胞是血细胞的主要成分，因此人体血液呈红色。在每立方毫米的血液中，成年男性的红细胞数量约为400~550万个，而成年女性的红细胞数量约为350~500万个。然而，新生儿的红细胞数量通常是最多的，可以超过600万个。红细胞的主要作用是运输氧气和二氧化碳，确保人体细胞得到充足的氧气供应。

　　自然界有那么多细菌，为什么我们却很少生病呢？这是因为有一种细胞在保护我们的身体，让我们的身体不被细菌侵害，这种细胞就是白细胞。白细胞被誉为人体内的"冲锋战舰"，其主要作用是消灭细菌。在人体内，白细胞的数量也相对较多，尤其是在新生儿中，每立方毫米的血液中有15000~20000个白细胞。出生后一周，这个数量会下降到12000个左右，而从7岁开始，白细胞的数量与成人相当，大约在5000到9000之间。尽管白细胞的数量不及红细胞，但其在人体免疫系统中的作用是不可替代的。

血液中最小的细胞是血小板，由于它具有凝血止血的功能，因此被称为血液中的"救护舰队"，当人的血管受损时，血小板会迅速聚积在伤口处，通过形成血栓来帮助止血和愈合。

正是由于血液中的各个成分各司其职"运输物资""领兵作战""救援治疗"……我们才能有一个健康的身体。因此，我们要爱惜自己的身体，好好地保护它，不要让它流血受伤。

神秘的雪花

2022年2月4日晚，第24届冬季奥林匹克运动会开幕式在北京国家体育场举行。总导演张艺谋用"一朵雪花的故事"贯穿整个开幕式，他希望通过一朵雪花来传递"世界大同，天下一家"的理念。

一朵雪花，向世界讲述了中国式浪漫。冬日的雪花漫天飞舞，整个世界银装素裹。你知道雪花是什么样子的吗？你有没有认真观察过雪花的形状呢？

"雪花像羽毛，一大片一大片地飘落下来。"

"雪花像盐粒，落到地上，瞬间便融化了。"

雪花其实是六角形的！美国摄影师威尔逊·本特利是通过摄影发现雪花是六角形的第一人。1885年，本特利用自制相机拍下了世界上第一张雪花冰晶的照片，在之后的每个冬天，本特利都会用相机记录雪花的形状，终其一生，本特利共捕捉了5000多片雪花的模样。更令人惊讶的是，显微镜下的雪花，形状结构虽然都是六角形的，却没有任何两片雪花是一模一样的。原来，每片雪花都是独一无二的！

雪花是一种美丽的结晶体，其结构随温度的变化而变化。古语道："凡草木花多五出，雪花独六出。"意思是草科、木

科的花朵一般有五个花瓣，唯有雪花是六瓣的。

雪花在凝结的过程中，六个角上各会长出一个新的枝杈，最后就形成了拥有六片"花瓣"的雪花。而温度不同，雪花的形状也是不同的。当气温在零下3℃时，雪花是树枝晶或六棱板状的；当气温下降到零下10℃到零下20℃时，雪花就变成了六瓣板状晶体；当气温降到零下25℃以下并且水汽充足时，雪花会形成别致的柱状晶体。

另外，湿度也是影响雪花形状的主要因素。在雪花形成的过程中，雪花周围的水汽含量不断变化，气温也瞬息万变，雪花周围条件只要稍微有一点差异，它的形状就不一样了。这也就不难理解，为什么大自然中几乎找不出两片完全一样的雪花了。

你是不是现在就开始期盼下雪了呢？下雪天，你又有了一项新的任务——观察雪花。

小足球里的大学问

足球是体育界中非常有影响力的体育运动项目，代表着青春与梦想、团结与协作、拼搏与奋斗……你或许早已发现，足球是由黑、白两种颜色的皮革拼接而成的，黑色皮革为正五边形，白色皮革为正六边形。也许你会觉得足球这种特殊的样子，只是设计师为了美观而设计的，然而并不是这样，其实这样的设计中蕴含着许多数学知识！下面就让我们从数学的角度来重新认识一下足球吧！

足球起源于中国，那时候的足球叫"蹴鞠"，"蹴"是用脚踢，"鞠"是一种实心皮球。随着时代的发展，"鞠"慢慢由实心球变成了现在的充气球。现代足球由  32 块黑色和白色的皮革制成，这些皮革采用蜂窝状的缝制方法，其中 12 块黑色皮革是正五边形，其余 20 块白色皮革则是正六边形。足球的表面有以下特征：

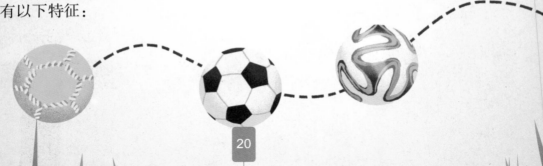

（1）黑色皮革的 5 条边都对接着白色皮革；

（2）每两个相邻的多边形恰好有一条公共边；

（3）每个顶点都是 3 块皮革的公共点，且为一黑二白。

你知道为什么足球需要 32 块皮革吗？古希腊时期，柏拉图发现，所有多面体中只有 5 种正多面体，它们分别是正四面体、正六面体、正八面体、正十二面体和正二十面体。

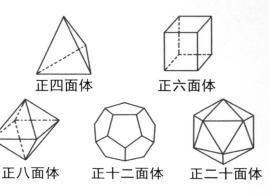

正四面体　　　　正六面体

正八面体　　正十二面体　　正二十面体

这些正多面体与足球有关吗？当然有啦！认真观察，我们会发现正二十面

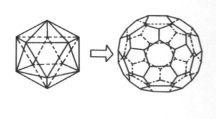

体非常接近球体，那么这个正二十面体是如何"变身"为球体的呢？

观察上面的图可以发现：正二十面体有 20 个面、12 个顶点，每个面都是正三角形，每个顶点都是 5 个三角形角的交点。假设我们在每个顶点棱边的三分之一处将顶角切掉，每个顶点处就会形成一个正五边形。而那些被切掉 3 个角的三角形，就变成了正六边形。所以，被切后的正二十面体就变成了由正五边形和正六边形组成的近似球形。

其实，除了"切"，我们还可以通过科学的计算算出足球皮革的数量。足球所有的黑色皮革都是正五边形，而且这些黑色皮革的每一条边都与白色皮革的一条边连接。已知黑色皮革共有 12 块，每块有 5 条边，所以，12 块黑色皮革共有 60 条边（12×5=60），这 60 条边都要与白色皮革相互连接，也就是白色皮革共有 60 条边。

需要注意的是，所有的白色皮革都呈现出正六边形的形状，每块这样的皮革都有 6 条边，其中 3 条边与黑色皮革连接，3 条边与其他白色皮革连接，所以一共存在着 20 块这样的白色皮革（60÷3=20）。这样一来，我们就明确了一个事实，即一个足球是由 12 块黑色皮革及 20 块白色皮革共同组成的。

科技的不断创新使得异形拼接技巧与无缝压线技艺不断提升，足球

桑巴荣耀

的拼接块数也越来越少。例如，2014 年巴西世界杯中使用的"桑巴荣耀"足球只用了 6 块皮革，被誉为有史以来最完美的足球。相信随着科学技术的发展，在不久的将来，足球会变成一个真正的球体。

小足球，大学问。小小的足球中竟然蕴含着这么多丰富的数学知识，其他球类中是不是也藏着秘密呢？希望同学们能在生活中用数学的眼光发现更多的数学问题，感受更多的数学之美！

金字塔中的神奇数字

古代埃及金字塔内有这样一个数字  142857。人们最初在金字塔中发现这个数时，并没有意识到它的神奇之处，直到一些科学家将其拆分，试图进行相关计算时，人们才发现了它的神奇之处，这个数的神奇之处到底是什么呢？

我们先来算一组乘法算式：

142857 × 1 = 142857

142857 × 2 = 285714

142857 × 3 = 428571

142857 × 4 = 571428

142857 × 5 = 714285

142857 × 6 = 857142

结果中 6 个相同的数字俨然一副"走马灯"的模样。于是，人们为这个数字起了一个有趣的名字——"走马灯数"。然而这个数的神奇之处远不止如此，接着乘：

142857 × 7 = 999999

结果变成了 999999，原来的 1、4、2、8、5、7 全部消失了。难道规律被打破了？我们接着乘下去：

142857 × 8 = 1142856（7 分身）

142857 × 9 = 1285713（4 分身）

142857 × 10 = 1428570（1 分身）

142857 × 11 = 1571427（8 分身）

142857 × 12 = 1714284（5 分身）

142857 × 13 = 1857141（2 分身）

结果中缺少的数字，都用"分身"代替了。"分身"也是有规律的，都是将缺少的数拆成"1+几"的形式，"1"放在结果的最高位，另一个数字放在结果的个位。

我们再用 142857 和自己相乘：

142857 × 142857 = 20408122449

从结果中的 1 处将结果分成两部分，将这两部分相加，就会发现 20408+122449=142857，神奇的 142857 又出现了！不难看出，142857 的神奇之处在于，不论怎么乘，都能从结果中找到 142857 的影子。

再来看 142857×7=999999，你有没有什么猜想呢？ 142857 和 9 会不会也有一定的关系呢？我们试着做加法：

142+857=999

14+28+57=99

1+4+2+8+5+7=27 （2+7=9）

每个算式的结果都与 9 有关。算完了乘法和加法，我们再来试试除法。当数字 7 遇到奇妙的走马灯数，又会出现什么奇妙的事情呢？

$$1 \div 7=0.142857142857\cdots$$

$$2 \div 7=0.285714285714\cdots$$

$$3 \div 7=0.428571428571\cdots$$

$$4 \div 7=0.571428571428\cdots$$

$$5 \div 7=0.714285714285\cdots$$

$$6 \div 7=0.857142857142\cdots$$

$$7 \div 7=1$$

$$8 \div 7=1.142857142857\cdots$$

除了 7 的倍数以外，任何一个数除以 7 的结果中都会发现 142857 这一串数字，除此之外，走马灯数和 7 还有一个不解之缘。

10 以内 7 的倍数：1 个

100 以内 7 的倍数：14 个

1000 以内 7 的倍数：142 个

…………

1000000 以内 7 的倍数：142857 个

10000000 以内 7 的倍数：1428571 个

100000000 以内 7 的倍数：14285714 个

…………

"走马灯数"的神奇之处还有很多，期待你也能发现其中的秘密。

读心术

　　魔术是一种令人着迷的表演形式，它以独特的魅力挑战着我们对现实的认知。从"消失术"到"读心术"，每一个魔术都充满了神秘。

　　有人说魔术是"假"的，但魔术的魅力，在于其创造出的超乎想象的效果和体验。2024 年春节联欢晚会上，魔术师刘谦带来的扑克牌魔术《守岁共此时》就是一个很好的例子。他巧妙地将数学知识融入魔术中，通过一系列巧妙布局，让观众们见证了不可思议的结果。

　　当魔术与数学结合，当奇幻与智慧邂逅，还会产生怎样的精彩呢？下面让我们一起来玩一个魔术——读心术。我们首先准备好一副扑克牌（去掉大小王），魔术师与小助手互相配合，奇幻的魔术开始啦。

　　小助手随意选一位观众来洗牌，再选一位观众从这副牌里随意抽出 1 张牌，小助手从牌堆里选 4 张牌。（魔术师需全程回避）

　　我们以下面 5 张牌为例，接下来由小助手把这 5 张牌在桌子上一字排开。如下图所示。

此时，魔术师就会立马答出扣在桌面上的牌是方块 8！

翻开看看，见证奇迹的时刻到了！

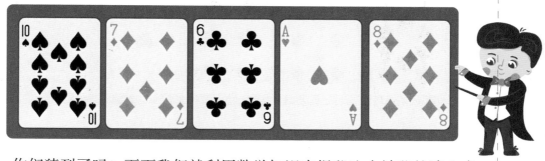

你们猜到了吗？下面我们就利用数学知识来揭秘这个神秘的读心术。

首先来揭秘花色的。这里运用了数学中的"鸽笼原理"，鸽笼原理又被称为抽屉原理，是组合数学中的基本原理。鸽笼原理：若有 $n+1$ 只鸽子飞进 n 个鸽子笼，则必有一个鸽子笼内至少装有 2 只鸽子。比如，有 5 个鸽子笼，养鸽人养了 6 只鸽子，那么当鸽子都飞回笼中后，至少有 2 只鸽子飞进了同一个笼子中。

同样的道理，一副扑克牌去掉大小王之后，只有 4 种花色，当从中选出 5 张牌时，至少有 2 张牌是同一种花色的。因此，小助手只需要将 2 张同花色的牌，一张作为隐藏牌盖住，另一张在一字排开时放在和魔术师提前约定好的 "特殊位置"（比如，4 张明牌从左往右数第 2 张牌的位置），这样魔术师看一眼便知道隐藏牌的花色。

说明隐藏牌的花色是方块

接下来揭秘隐藏牌上的数。刚才第 2 张明牌用来提示花色了，那剩下的 3 张明牌就可以提示魔术师隐藏牌上的数。从 A 到 K 这 13 张牌分别对应 1 到 13，我们在脑海中想象这 13 个数按顺序围成了一个圆，如右图所示。

小助手与魔术师要如何通过这"四明一暗"的 5 张扑克牌来确定隐藏牌上的数呢？

第一步：确认初始数。这里只需要将"猜花色"时放在特殊位置的同花色牌的数作为初始数即可。

说明初始数是 7

第二步：告知方向，当 5 张牌一字排开时，可以根据隐藏牌在 4 张明牌的左边还是右边，来确认是沿顺时针数还是逆时针数。（比如魔术前提前约定：隐藏牌放在明牌的最左端，就要沿逆时针方向数；放在明牌的最右端，则要沿顺时针方向数）。

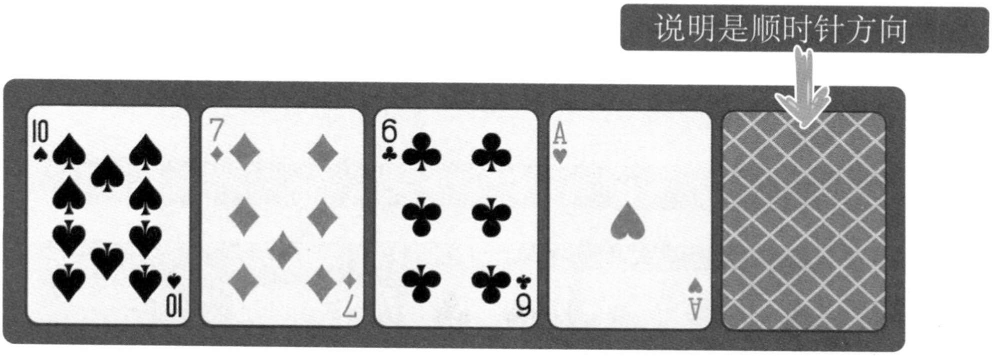

说明是顺时针方向

第三步：确认数几次。通过观察上面的"数圆"我们可以发现，由一个数出发，最多数 6 次即可到达任意另一个数（比如，从 4 开始，数到 8，可以顺时针数 4 次；数到 11，可以逆时针数 6 次）。而剩下的 3 张明牌，按数的大小顺序进行排列组合，3×2=6，一共有 6 种组合方式。魔术师需要提前与小助手约定好，当出现数相同而花色不同的特殊情况时，默认黑桃最大，红桃第二，梅花第三，方块第四。这样剩下的 3 张明牌就有了大小之分，能排出"大、中、小"的顺序。小助手在把 5 张牌一字排开时，通过控制这 3 张明牌从左往右的排列顺序，即可告诉魔术师数几次（对应关系如下图所示）。

大、中、小 → 顺时针 + 1，逆时针 − 1

大、小、中 → 顺时针 + 2，逆时针 − 2

中、大、小 → 顺时针 + 3，逆时针 − 3

中、小、大 → 顺时针 + 4，逆时针 − 4

小、大、中 → 顺时针 + 5，逆时针 − 5

小、中、大 → 顺时针 + 6，逆时针 − 6

这三张牌的摆放是 10、6、1，即大、中、小，说明要数 1 次

初始牌是方块 7，顺时针 +1 也就是方块 8。

这个读心术的魔术你学会了吗？当魔术遇上数学，总会碰撞出不一样的思维火花。请你试着猜猜下面这张隐藏牌吧！

神奇的密铺

"山鸟和鱼不同路，从此山水不相逢。"山鸟和鱼本是没有交集的生物，但是在数学世界里，它们却能完美融合。

密铺图形是一种神奇的图形，它可以使相同或不同的图案拼贴在一起，呈现出令人称奇的艺术效果。

荷兰艺术家埃舍尔在西班牙的格兰纳达旅行时，被阿尔罕布拉宫深深吸引。这座宫廷建筑物由摩尔人建造，各种精美的密铺图案铺满了其墙壁、地板以及天花板。

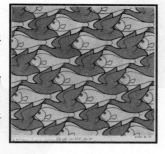

埃舍尔花了几天时间复制了这些图案，这些复杂精致的几何图形，在他的脑海中像是一个个符号，连接了他与数学之间的缘分。最终，他得到了一种独特的创新理念：平面填充物除了可以是规则的几何图案，还可以是各种形状的图案。这些图案包括人、青蛙、鱼、鸟、蜥蜴等，甚至可以是凭空想象的物体。他

阿尔罕布拉宫的密铺图案装饰

首次将艺术与密铺相结合，创作的作品《昼与夜》大卖，且远超其他名作。

昼与夜

那么，密铺到底是什么？我们可以把它理解为一种镶嵌的方式，把形状、大小相同的一种或多种平面图形不留空隙、不重叠地连接在一起，铺满整个平面，这就是平面密铺。

密铺的特点有哪些呢？

（1）用一种或几种全等图形（在平面上移动可以完全重合的两个图形）进行拼接。

（2）拼接处不留空隙、不重叠。

（3）在公共点的所有角都可以拼接成360°。

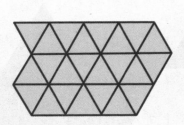  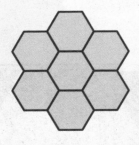

所以，正多边形在拼合的时候，只要保证公共顶点上几个角的度数和是360°就能密铺。正因为如此，正多边形中只有正三角形、正方形、正六边形可以密铺。

虽然有的图形不能单独密铺，但它们与其他图形组合密铺的效果反而更神奇，如右图所示。

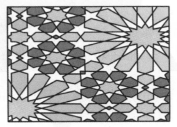

很多复杂图形的密铺实际上是对能够密铺的多边形进行变形，通过平移、切割等来改变原有多边形的形状，衍生出各式各样的图案，实现图形的密铺。其中，最简单的方式就是通过"改造"基础的平铺单元，衍生出各式各样的图案实现图形的密铺，如下图所示。

原理很简单，这边少了，那边补上；这边凹进去，那边相对地就要凸出去，就看谁的"脑洞"更大了！

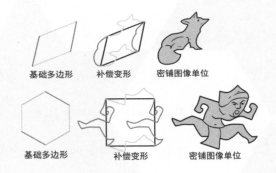

基础多边形　　补偿变形　　密铺图像单位

基础多边形　　补偿变形　　密铺图像单位

密铺变形的方式有很多种，除了在多边形对应的两边上同时进行如平移般的裁减和填补操作，还能利用基础多边形的对称特性，做一些旋转、对称等比较高级的变形。

用数学的眼光看世界，你会发现，从不起眼的瓷砖，到飞在天空中的风筝，都散发着无限魅力。

画鸡蛋

提到鸡蛋，你一定不陌生，但是你会用尺规作图的方法画鸡蛋吗？百闻不如一见，百见不如一干。接下来，让我们亲自动手画一画吧！

工具：笔、直尺和圆规。

步骤一：先用尺规作图的方法画一个正五边形。

首先，利用圆规画一个圆，圆心为 O。过圆心 O，分别画出直径 AZ 和 XY，且直径 AZ 垂直于直径 XY。通过测量，找出半径 OY 的中点 M，再以点 M 为圆心，MA 的长度为半径画圆，交线段 OX 于点 N；然后以点 A 为圆心，AN 的长度为半径画圆，与原来的圆交于点 B；最后以点 B 为圆心，AN 的长度为半径，继续在原来的圆上截取等弧，标上 C，以此类推，画出 D、E，并顺次连接 A、B、C、D、E 5 个点，我们会发现线段 $AB=BC=CD=DE=EA$，而这几个点围成的五边形 $ABCDE$ 就是正五边形。

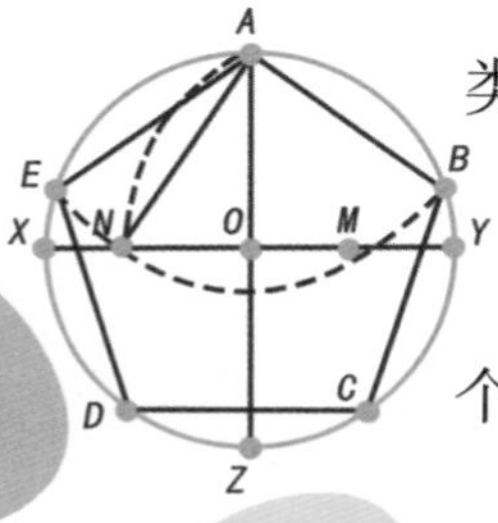

步骤二：在正五边形里画鸡蛋。

首先，连接 AC、AD、BD、BE、CE，然后利用直尺过点 I 画 CD 的平行线 LP，如右图所示。

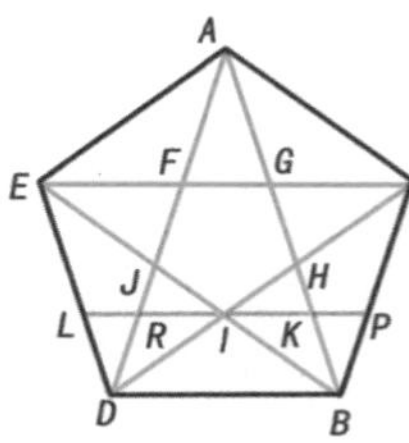

分别连接 PF、LG，并交于点 Q。

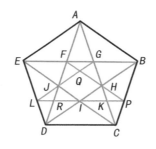

利用圆规，以点 I 为圆心，RI 的长度为半径画弧。

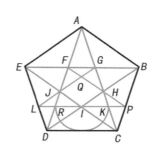

然后以点 L 为圆心，LK 的长度为半径画弧；再以点 P 为圆心，PR 的长度为半径继续画弧。

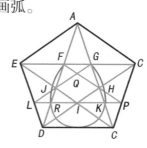

最后，以点 Q 为圆心，QF 的长度为半径画弧。

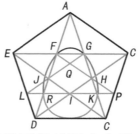

看，一个完美的鸡蛋是不是就画出来了？其实，用尺规"画鸡蛋"的过程中，还隐藏着其他的数学知识呢！

在我们连接 *AC*、*AD*、*BD*、*BE*、*CE* 后，就得到一个五角星，如下图所示。如果你量一量，算一算，会发现 *EF*：*EG*、*DF*：*DA*……的比值均约为 0.618，这可是一个神奇的比值——黄金分割比。众所周知，黄金分割比是最能给人带来美感的比，所以在五角星中画出的鸡蛋看上去很完美！如果我们能够将"尺规作图"和"黄金分割比"完美结合，定会创造出更多神奇的作品！

 达·芬奇是著名的画家，他创作的很多作品中都用到了黄金分割比，如《蒙娜丽莎》《最后的晚餐》《维特鲁威人》等。

伟大的画家能借助"尺规作图"和"黄金分割比"创造出完美的作品。其实，我们也可以打开思维的翅膀，借助"尺规作图"和"黄金分割比"创作出属于我们自己的作品。

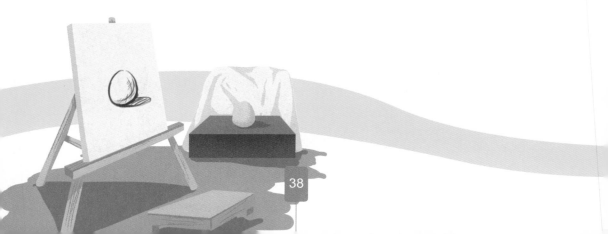

迷人的莫比乌斯环

"茫茫天地，不知所止；日月循环，周而复始。"在世界上存在着这样一种拓扑学结构：它只有一个面，无论从它上边的哪个点出发，最终都会回到原点，这就是神奇的莫比乌斯环，也叫莫比乌斯带。

莫比乌斯环是如何被发现的呢？它是由德国数学家莫比乌斯和约翰·李斯丁在 1858 年发现的，它是把一根纸条扭转 180° 后，将两头粘在一起的一种纸带圈。普通的纸带是有正面和背面两个面的，如果有一只蚂蚁在其中的一个面上，在不穿过边界的情况下是到达不了另一个面的。但是借助莫比乌斯环，这个问题就很容易解决。

莫比乌斯环不只是一种有趣的数学模型，其凭借循环往复的造型，还被赋予了蕴含无限可能的美好憧憬。在我们的日常生活中，你只要用心观察，就会发现它的身影。建筑师通常会利用莫比乌斯环这种特殊的结构来创造独特的空间。

　　凤凰国际传媒中心的外观造型就取意于莫比乌斯环，其外部创新的曲线环体将中庭空间缠绕包裹，建筑形态正是天人合一、道法自然的东方建筑精神的彰显。凤凰国际传媒中心的设计与建造是由中国人独立自主完成的，是典型的中国智造。这种无限循环的造型和高低起伏的线条既体现了数学之美，又展现了中国传统文化的开放包容之美。进入这座建筑，仿佛置身太空，美无止境。

莫比乌斯环的设计在桥梁中也有体现，最有特色的当属长沙"中国结"步行桥。因其外形酷似中国结，因此被称为"中国结"步行桥。相互交织而又蜿蜒盘旋的设计灵感，来源于经典的莫比乌斯环和中国古老的民间艺术品中国结。独特的莫比乌斯环造型为坚固的桥梁注入了一种优美柔和的气质，桥身造型起伏流动，全长183.95米，由直线形"散步道"和拱形"登山道"交叉组成，行人可以选取不同道路过桥。

这种有趣且富有创意的建筑设计，体现了设计师对空间艺术的创造性诠释，模糊的建筑边界带给人独特

的空间体验，又暗含着一种哲学的思维——永续连接、无限可能。起点是你，终点是你，永续连接，永不分离，这或许就是莫比乌斯环的魅力所在吧。

苏州博物馆中的几何美

"白色石材高耸，玻璃幕墙透明，光影交错，美轮美奂。"在江南一带有这样一座以壁为纸，以石为绘的建筑——苏州博物馆，一座集文化、艺术、历史和科技于一体的综合性博物馆，世界一流建筑大师贝聿铭先生的设计作品。它的外观设计中既有中国传统建筑元素，又有几何元素，呈现出多元化的包容之美。

苏州博物馆是一座典型的中国传统建筑，它被誉为现代建筑史上的奇迹。沿中轴线依次排列着中央大殿、后花园，左右两边各有一个展

厅，中央大殿是整座建筑的核心，其分为三部分：前殿、中殿和后殿。前殿和后殿的屋顶较低，中殿的屋顶较高，形成了层次感。

在布局上，苏州博物馆采用了对称的结构，左右两侧的展厅、中央大殿的建筑形式和装饰都是对称的。仔细观察，建筑的门窗、屋檐、石柱等细节处也都体现了对称的设计原则。此外，花园中的假山、池塘、亭台等元素也都采用了对称结构。对称结构在空间中不断地被使用，让整个建筑看起来平衡和谐。对称不仅在苏州博物馆中有体现，在很多建筑中都有体现，像北京故宫博物院、西安国际会议中心中也处处可见对称结构。这种对称结构既符合中国传统建筑的设计原则，又体现了中国传统文化中的和谐理念。

　　苏州博物馆建筑外墙上的有些直线看起来是互相平行的，比如下图中的直线 *a* 与直线 *b*，直线 *c* 与直线 *d*，但是仔细观察，它们并不在同一个平面上，它们属于异面直线。所谓的异面直线就是不在同一平面上的两条直线。异面直线是既不相交又不平行的直线。

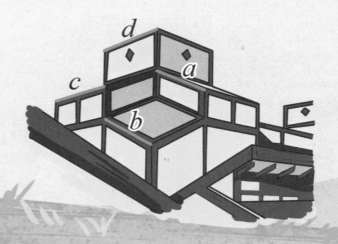

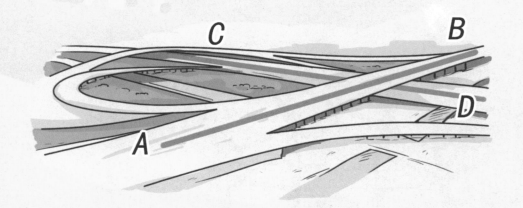

生活中，异面直线的例子还有很多，比如立交桥中两条路线 *AB* 和 *CD* 既不平行也不相交，属于异面直线；地铁站里列车行驶形成的直线与支撑柱所在的直线也属于异面直线。

设计师为什么这样设计呢？原来设计师是想利用异面直线的原理，创造出多种不同的视觉效果和空间感受，使建筑物看起来更加有立体感。像这样利用异面直线原理设计的建筑还有很多，只要我们带着数学的眼光留心观察就会发现它们。

苏州博物馆内部空间设计也十分精美，展示了苏州独特的历史文化和艺术底蕴，同时也用到了许多几何元素。走进苏州博物馆的展室，首先映入眼帘的是一扇六边形的窗户，透过六边形的窗户能够看到一片迷你小竹林，美感十足。建筑内部的展示空间分为多个区域，每个区域都有独特的设计和展示主题，使整个建筑空间更加丰富多彩。

　　苏州博物馆的建筑几何美体现在对称美、线条美、空间美等方面，整体看起来简洁、高雅。也正是加入了这些几何元素，使苏州博物馆成为一座既具有现代感又富有历史文化底蕴的建筑。

　　江南烟雨中，博物览风华，一座苏州博物馆，半部江南园林史。小桥流水，白墙黑瓦，鱼戏水中，光洒身间，宛若一幅江南水墨画。如果你有机会去江南，想寻一处静谧，享一份安然，那你一定要去苏州博物馆。

$\sqrt{2}$ 与规矩方圆

　　A4 纸是我们生活中最常用纸的规格之一，它的长宽比为 $\sqrt{2}$∶1（$\sqrt{2}$ 表示的是对 2 开算术平方根，为无理数，约为 1.414），无论把 A 系列纸沿长边对半分多少次，每次对半分之后的长宽比，始终是 $\sqrt{2}$∶1。实际上，中国古代许多建筑中也巧妙地应用了此比例，使得建筑看起来非常和谐。这个比例中暗藏着什么玄机呢？

　　"天圆地方"是中国古代的一种宇宙观，这一观念在古代建筑设计学中便有体现。北宋的《营造法式》是我国古代重要的土木建筑工程著作，书中画有两种图形，如下图所示，"圆方图"是一个圆形与其内接正方形，"方圆图"是一个正方形与其内切圆，均展现了我国古代文化中的和谐理念。

　　"圆方图"中，正方形的边长与其外接圆的直径（正方形的对角线）

之比为 1：$\sqrt{2}$；"方圆图"中，正方形的边长与其内切圆的直径相等，且正方形的对角线与该圆直径之比为 $\sqrt{2}$：1。这种比例的运用，为人们提供了一种更加精确的建筑比例关系，也使古代建筑的美感和实用性得到了极大的提升。

位于五台山的佛光寺东大殿，是中国现存规模最大的唐代木构建筑，其建于唐大中十一年（857 年）。该建筑结构完好，艺术价值突出，是中国古代建筑的优秀典范，被梁思成称赞为"中国古建筑之第一瑰宝"。佛光寺东大殿的设计便使用了 $\sqrt{2}$：1 的构图比例。

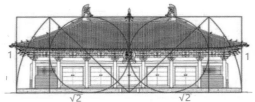

▲ 五台山佛光寺东大殿立面图

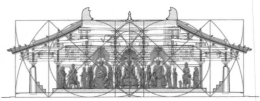

▲ 五台山佛光寺东大殿剖面图

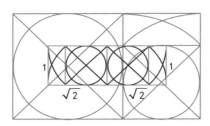

▲ 五台山佛光寺东大殿平面图

中国古代的建筑师通过引入天圆地方的概念，建成了如佛光寺大殿等和谐美观的建筑，让人们发出由衷的赞美。

光影之下的金字塔

有这样一个神秘的建筑，它屹立千年不倒，是唯一尚存的"古代世界七大奇迹"，那就是胡夫金字塔。胡夫金字塔由大约 230 万块石块建造而成，每块石块重达 2.5 吨，但石块之间却贴合得非常紧密，令人叹为观止。很难想象，这么伟大的建筑在 4000 多年前人们是怎么建造的。

那么金字塔有多高呢？说到这里，必须要提古希腊著名数学家——泰勒斯，他是古希腊七贤之一，并且是世界上第一个测算出金字塔高度的人。

在遥远的古代，没有现如今发达的测绘技术，泰勒斯是如何测算出金字塔高度的呢？

相传，泰勒斯在金字塔前将一根木棒插在地上，并观察木棒影子的

变化情况，当影长与木棒的长度几乎完全一致时，泰勒斯便在金字塔影子的顶点处做上标记，然后测量标记的顶点到离标记顶点最近的金字塔底部一边中点之间的距离，再加上金字塔底边一半的长度。如此，他便很快计算出了金字塔的准确高度。

原理如下图所示，当太阳光线以 45° 角照射地面时，木棒的高度与其影长正好一致，即 $AC=AB$，又因为 $\angle A=90°$，所以木棒、影子和太阳光线三者就构成了一个完美的等腰直角三角形。同理，$\triangle DEF$ 也为等腰直角三角形。这两个三角形满足"两角分别对应相等的两个三角形相似"的条件，表明 $\triangle ABC$ 与 $\triangle DEF$ 是相似三角形。

已知 $\angle D=90°$，金字塔的高度（顶点到底面中心的连线）是 $\triangle DEF$ 中直角边 DF 的长，直角边 DE 则是金字塔的影长，$DF=DE$，这样就把求高度问题转化为求影长问题了。

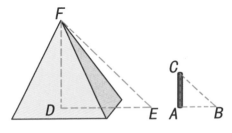

一个看似复杂的问题，泰勒斯运用等腰直角三角形和相似三角形的性质，便轻松解决了。

金字塔作为人类文明的象征之一，不仅向我们展示了古人的智慧和创造力，也为我们提供了研究历史文化的宝贵资料，金字塔还为现代建筑设计师提供了很多设计灵感。现代建筑设计师们建造了许多金字塔式建筑，以充分利用空间、光源等。这些建筑不仅具有美丽的外观，而且兼具实用性和环保性，其中最著名的便是法国巴黎卢浮宫博物馆。

▲卢浮宫博物馆

相似三角形：三个角分别相等，三条边成比例的两个三角形称为相似三角形。

我们要判断两个三角形是否相似，只要其符合以下五个条件之一就可以。

（1）两个角分别对应相等的两个三角形相似。

（2）两条边成比例且夹角相等的两个三角形相似。

（3）三条边成比例的两个三角形相似。

（4）一条直角边与斜边成比例的两个直角三角形相似。

（5）三条边对应平行的两个三角形相似。

揭秘蒙古包

"敕勒川，阴山下。天似穹庐，笼盖四野。天苍苍，野茫茫。风吹草低见牛羊。"当你听到这首北朝乐府民歌时，你是不是想到了一望无际的大草原、成群结队的牛羊、嘹亮或深沉的蒙古长调，还有一座座醒目的蒙古包？

其实，"穹庐"在这里指的是古代蒙古族游牧民的住房，也称"毡帐""毡包"，是蒙古包的前身。区别于城市中常见的建筑形态，蒙古包的外形比较独特，它的包身近似圆柱体，顶部近似圆锥体。

你知道蒙古包的包身为什么要做成近似圆柱体的吗？

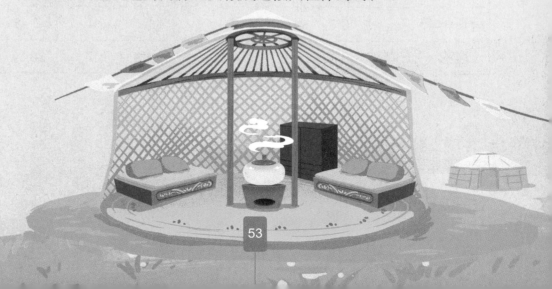

让我们从数学的角度来分析。我们现在常见的建筑底面多为长方形，当长方形的周长一定，长和宽发生变化时，长方形的面积是怎样变化的呢？

设周长为16 m				
长（m）	7	6	5	4
宽（m）	1	2	3	4
面积（m²）	7	12	15	16

通过上图的数据我们发现，当周长一定时，长和宽越接近，长方形的面积越大，当长和宽相等时，面积最大。

下面我们再来比较，当周长一定时，正方形和圆形的面积（π取3.14，结果保留两位小数）。

周长（m）	3.14		6.28		16	
图形	正方形	圆	正方形	圆	正方形	圆
边长/半径（m）	0.79	0.5	1.57	1	4	2.55
面积（m²）	0.62	0.79	2.46	3.14	16	20.38

很明显，当周长一定时，圆的面积最大，并且周长越大时，正方形和圆形的面积差也越大。

那么底面周长和高相同的正方体和圆柱体，谁的体积大呢？我们接着算一算（设 $h=10$ ）。

底面周长（m）	3.14		6.28		16	
图形	正方体	圆柱体	正方体	圆柱体	正方体	圆柱体
底面积（m²）	0.62	0.79	2.46	3.14	16	20.38
体积（m³）	6.2	7.9	24.6	31.4	160	203.8

我们发现，当底面周长和高一定时，圆柱体的体积比正方体大。因此，如果牧民采用相同的预算来建造房子，那么将包身设计为近似圆柱体的形状，可以获得最大的居住空间。

除以上优点外，蒙古包独特的造型结构使其能最大程度地保证牧民安全。内蒙古地处我国北部，大部分地区为温带大陆性气候，在夏热冬寒，降水少且集中的气候条件下，这里形成了浩瀚无际的草原带，空旷的草原上经常会有大风，而蒙古包包体为圆柱体，侧面为光滑的曲面，风阻小，气流易通过，大大减少了风对蒙古包的损伤。再看包顶，圆锥体具有很高的稳定性。蒙古包圆锥体的包顶，荷载分布均匀，即便遇到恶劣天气，雨雪也会沿着圆锥体的侧面迅速流下来，不会积于包顶以至于浸湿或压垮蒙古包。蒙古包不仅是游牧民族建筑文化的体现，更是蒙古族思想、智慧和生活理念的体现。

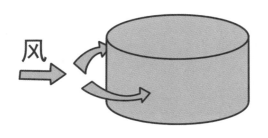

蒙古包里面还隐藏着一个"时钟"。时间在蒙古包内无声地流动着。蒙古包的天窗是轮状的，从日出到日落，阳光总能通过天窗照射进来，且不同时间、不同季节，阳光的照射方位均不同，使得蒙古包具备了天然的"日晷"功能。

蒙古包从原始棚屋开始，经过数千年，最终形成了现在的样子。这不仅是蒙古族智慧的结晶，更是数学应用于建筑设计的完美呈现！

方圆天地间，土楼真不土

建楼要不要图纸？按照常理，肯定是需要的！但建造世界文化遗产之一的福建土楼时，竟没有一张设计图纸。没有设计图纸，也没有现代的测量仪器，匠人们仅凭经验和智慧就建起了一座座壮观的土楼。

福建土楼产生于宋元时期，成熟于明末、清代和民国时期，是世界上独一无二的山区大型夯土民居建筑，于2008年7月6日被正式列入《世界遗产名录》。

福建土楼这一具有深厚历史底蕴的集体建筑，最初是方形的，有宫殿式、府第式，形态不一。后来，土楼逐渐发展成多种形状，其中最为人们熟知的便是圆楼。今天我们便来了解一下圆楼。

福建土楼顾名思义，它的主要建筑材料是土，聪明的客家人就地取材，从丘陵和溪流中挖来细密的红土、河泥和沙子，按比例混合在一起，制成"熟土"，再用"墙枋"对熟土进一步加工制成土楼的墙体。"墙枋"是一种装土的木制模具，底部装有竹筋。土墙并非一开始便被夯筑成圆柱体，而是先用多个"版块"合围成棱柱，然后用坚硬的木头做成"拍板"，将土墙的侧面打实，再用"墙铲"铲去墙面多余的边角形成圆弧，这样，圆柱体墙体便显出雏形了。

结合右图，我们发现，当把圆切分成无限份，每个扇形的弧无限小，小到可以把弧近似看成一条直线时，这样每个小扇形就可以看作一个三角形。将所有的小扇形重新拼组，可以得到一个近似于长方形的图形，根据数学家刘徽提出的"出入相补"原理（一个几何图形被分割成若干个部分后，面积的总和保持不变），可以得出结论：

将圆形转化成长方形，转化后的长方形的面积近似等于原来圆形的面积。

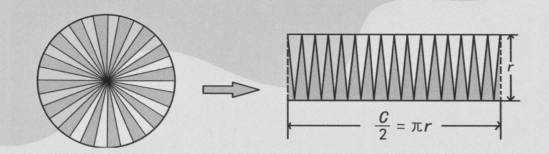

那么转化后的长方形和圆形还有什么关系呢？结合上图，你有没有发现，长方形的宽等于圆形的半径 r，圆的一周被拆分成了长方形的上下两条长，所以长方形的长是圆周长的一半，即为 πr。因此，圆的面积 ≈ 长方形的面积 = 长 × 宽 = $\pi r \times r = \pi r^2$，圆的面积计算公式就是这么推导出来的。

据统计，土楼大多为圆楼，为什么圆柱体能在众多形状中脱颖而出？它具有什么优势呢？

第一，圆柱体土楼获得的光线更充足。阳光早上从东边照到西边，中午从南边照到北边，下午从西边照到东边，可以说圆柱体土楼的设计最大程度地利用了光线。

第二，圆柱体土楼的防风能力更强。福建经常有台风"光顾"，圆柱体土楼的外墙呈弧形，可以促使风沿着弧形往两边分流，所以外墙的受力面积很小，能较好地抵御台风。

第三，圆柱体土楼的面积大且省料。"揭秘蒙古包"一文中讲了周长相同时，圆形面积大于正方形面积，所以用相同的材料建圆柱体土楼比建正方体土楼底面面积要大一些，也就意味着房子大，可以住更多人。

"土楼不土洋楼羞，古城真古今风流，奇迹奇观奇天下，仙山仙水仙人楼。"被誉为"东方古城堡"的土楼或方或圆，如珍珠般镶嵌在山间小溪旁，点缀在碧绿的山野间，矗立在巍峨的山脚下，诉说着这些神话般建筑的悠悠过往。

对联中的数学

"新年到，好热闹，贴春联，放鞭炮。"春节时人们把象征着吉祥和美好的春联，张贴在家门口，为来年迎喜纳福。春联是对联的一种形式，新春之际张贴的对联即为春联。

相传，乾隆五十年，四海承平，天下富足。乾隆适逢喜添五世元孙，便召集了全国各地约三千位德高望重的长者，在乾清宫为这些长者举办了盛大的生辰宴，又称"千叟宴"。乾隆在宴会上，对一位神采奕奕的老寿星印象深刻。令他惊讶的是，这位老寿星竟是参加宴会的人中年龄最大的一位。乾隆很是高兴，于是吟出上联："花甲重开，外加三七岁月。"又钦点纪晓岚对出下联，纪晓岚不急不躁，思索之后，站起来吟道："古稀双庆，内多一个春秋。"原来乾隆正是以老寿星的年龄为主题出的上联，而纪晓岚所对下联不但对仗工整，而且也暗藏了这位老寿星的年龄，真是一副佳对。

你发现这副对联里藏着的数学秘密了吗？

上联中的"花甲"，是指甲子年，六十甲子为一轮，即 60 岁，如果有两个甲子年，那么就叫

"花甲重开"，是指 120 岁，"三七岁月"指的是三七二十一岁。因此，这位老人的年龄可以写成数学算式：$60 \times 2 + 3 \times 7 = 141$（岁）；下联中的"古稀"是指七十岁，"古稀双庆"就是指两个 70 岁，"一度春秋"指 1 年，所以这位老人的年龄还可以写成数学算式：$70 \times 2 + 1 = 141$（岁）。

像这样包含数的运算的对联还有很多，比如下面这副对联。其实，在这副对联中也蕴藏着年龄的计算，你能算一算对联中的年龄吗？

上联的意思很简单，"花甲一周"即为 60 岁，而"半百"就是指 50 岁，过了一个花甲之年后还余 50 岁，年龄就可以用算式表示为 $60 + 50 = 110$（岁）；下联中的"古稀"是指 70 岁，"犹欠"是"还差"的意思，也就是说比两个古稀还差 30 岁，用算式表示是 $70 + 70 - 30 = 110$（岁）。经过计算，上联和下联都得出了年龄是 110 岁。

花甲一周，尚余半百岁月

古稀双度，尤欠三十春秋

其实，对联中不仅可以包含数的运算，还可以包含数学名词、数学概念、数学家、数学成就等数学内容。我们再一起来欣赏几副对联吧！

二三四五　六七八九

上面这副对联据说是郑板桥外出巡游时，看到的一户穷苦人家门口张贴的对联，这副对联非常特殊，它全部是由数字组成的，而且还是一副隐字联，上联中缺少数字"一"，下联中缺少数字"十"，意思就是"缺衣（一）少食（十）"，这户人家正是利用这副数字对联来向人们诉说生活的困窘。

三强韩赵魏　九章勾股弦

左边的这副对联是我国著名数学家华罗庚在和钱三强、赵九章等几位科学家一起去国外考察的时候，触景生情，吟出的一副对联。这副对联中又蕴含着什么数学内容呢？原来上联中的"三强"不仅指战国三强，还暗藏了钱三强的名字；下联中的"九章"既包含了我国古代数学著作《九章算术》中有关勾股定理的知识，也暗藏了赵九章的名字，可谓一语双关，妙哉妙哉！

一孤舟，二商客，三四五六水手，扯起七八叶风蓬，下九江，还有十里

十里运，九里香，八七六五号轮，虽走四三年旧道，只二日，胜似一年

你们知道上面这副对联"妙"在哪里吗？原来它的上联是将数字按照递增（从一到十）的顺序排列的，而下联又是将数字按照递减（从十到一）的顺序排列的！

将数学知识融入对联，在欣赏对联的过程中，我们不仅能提升自己的文学修养，还能领略数学的无穷魅力，实在是别有一番趣味！感兴趣的读者也可以将平时所学的数学知识融入对联，创造出属于自己的数学对联！

京剧脸谱的秘密

"蓝脸的窦尔敦盗御马，红脸的关公战长沙，黄脸的典韦，白脸的曹操，黑脸的张飞叫喳喳……"许多读者都能跟着哼唱这首《说唱脸谱》。京剧是中华优秀传统文化，是中国的国粹之一。京剧脸谱与角色的性格、品质等有关，是京剧艺术中一种独特的表现形式，是这门国粹艺术中最鲜艳的标志。

京剧脸谱采用具有中国文化特色的化妆方法，某个角色或某一类角色拥有大概的谱式，就像唱歌、奏乐都看乐谱一样。从戏曲方面来看，京剧脸谱能体现角色的特点；从数学方面来看，京剧脸谱是由不同的线条勾勒而成的，一张张京剧脸谱向我们展示了其独有的魅力。

中国戏曲作家、理论家翁偶虹曾撰文："中国戏曲脸谱，胚胎于上古的图腾，滥觞于春秋的傩祭，孳乳为汉、唐的代面，发展为宋、元的涂面，形成为明、清的脸谱。"京剧脸谱，用夸张的颜色和变幻多样的线条来展示不同的角色性格，一人一谱，千变万化。每一种脸谱虽画法各异，但都是从人的五官特点、性格特征出发，以夸张、美化、象征等手段来"寓褒贬，分善恶"。虽然不同脸谱的颜色和图案各不相同，但是它们有相同的地方——左右两边的图案是对称的，也就是沿着一条直线折叠，直线两旁的图案能完全重合，这样的图形就是轴对称图形，这条直线就叫作对称轴。

只要你仔细观察，就能发现生活中轴对称现象随处可见，如翩翩起舞的蝴蝶、小小的蚂蚁、壮丽的古代建筑中都有轴对称现象。

右边的这幅图是易经中的八卦图，衍生自中国古代的《河图》与《洛书》，我们可以看到八卦图中黑白两部分的形状是完全一

样的。如果我们将它沿着一条直线折叠的话，会发现直线两旁的图案并不能完全重合，所以它并不是轴对称图形。其实像八卦图这样的图形是我们生活中的另一种对称现象——中心对称。中心对称就是在平面内，把一个图形绕着某个点旋转180°，如果它能够与另一个图形重合，那么，这两个图形就关于这个点中心对称，这个点叫作对称中心。只要你用心观察，就会发现生活中的中心对称图形有很多，右边是我们经常玩的扑克牌，你能找出哪些是中心对称图形吗？

英文字母中也有中心对称和轴对称的现象，你能找到吗？

A B C D E F G H I J K L M
N O P Q R S T U V W X Y Z

汉字的一横、一竖、一撇、一捺，都有着丰富的文化内涵，汉字方方正正、横平竖直，代表我们中国人顶天立地、堂堂正正，那么汉字中有轴对称和中心对称现象吗？

十丰王中申噩

汉字中的轴对称现象

由——甲　士——干

汉字中的中心对称现象

　　生活中的对称现象有很多，它们不仅表现出对称美，还包含有很多科学道理。时钟对称保障了其走时的均匀性，飞机对称使其能在高空中平稳飞行，眼睛对称使我们看物体能更加精准全面，耳朵对称能让我们听到的声音更加立体……像这样的现象还有很多，让我们用数学的眼光去发现生活中的数学现象吧。

西汉帝陵有多大

俗语说"南方才子，北方将，陕西黄土埋皇上"。历史上一共有 11 位西汉帝王在陕西这一古朴苍凉的黄土台塬下长眠。千百年来，11 座恢宏壮丽的西汉帝陵，如同一座座丰碑，见证了一个时代的兴衰更替。那么古代皇帝大兴土木，修建这么庞大的帝陵的目的是什么？西汉帝陵到底有多大呢？

古人认为，死后的世界依旧和生前的世界一样，所以在我国封建王朝，上至皇室贵胄、王侯将相，下至富家商人、平民百姓，都非常注重身后事。其中"事死如事生"观念最为严重的当属历朝历代的皇帝。

根据《晋书》记载，西汉天子登基一年后就开始修建陵园，天下赋税的 $\frac{1}{3}$ 都用于陵园的修建，这个数是非常惊人的。封建君王相信他们在死后依然在冥界进行统治，因此，他们修建的陵墓极其宏大，且多按照现实的样子布置。

从考古发现和文献记载来看，西汉帝陵的坟丘均为夯土筑造，多呈"覆斗"形，"覆斗"形是上、下底面均为矩形的棱台。若"覆斗"上底面的长和宽分别为 a 和 b，下底面的长和宽分别为 c 和 d，高为 h，则这个"覆斗"的体积计算公式为：$V=\frac{1}{6}[(2a+c)b+(a+2c)d]h$。

汉高祖刘邦的长陵墓冢呈"覆斗"形，根据测量，长陵墓冢高 32.8 米，下底面东西长 153 米，南北宽 135 米；上底面东西长 55 米，南北宽 35 米。套用"覆斗"的体积公式计算，其中，a=55

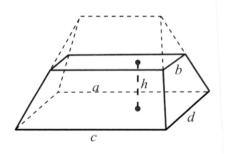

米，b=35 米，c=153 米，d=135 米，h=32.8 米。可算得长陵墓冢的体积 $V=\frac{1}{6}\times[(2a+c)b+(a+2c)d]h=\frac{1}{6}\times[(2\times55+153)\times35+(55+2\times153)\times135]\times32.8=\frac{1}{6}\times(9205+48735)\times32.8\approx316739$（立方米）。长陵东侧的陵墓是吕后墓，其封土形状与高祖陵相同，下底面东西长 150 米，南

北宽 130 米，上底面东西长 50 米，南北宽 30 米，封土高 30.7 米。你能利用"覆斗"的体积计算公式计算出吕后陵封土的体积吗？

现存长陵陵墓虽然在汉代帝王陵墓中不是最大的，但是其陪葬墓却是西汉所有帝王陵墓中最多的，多达 100 余座，构成了一个规模十分庞大的陵墓群。

西汉帝陵的规模之大，真实地反映了当时社会对丧葬礼仪的重视，在西汉两百余年的历史中，历代帝王通过一系列的改革，使社会发展水平持续提高，华夏民族的第一段盛世灿然现世。西汉 11 位帝王性格不同、命运迥异，在历史舞台上演绎出绚烂多彩的人生。两千多年过去，当年西汉的宏大壮丽早已消散在历史烟尘中，一座座宫殿也已然倒塌，而一座座巍峨的"覆斗"土丘却依然耸立，为世人所惊叹。

权衡与质量

你听说过"半斤八两"这个成语吗？通常我们用它来形容两者不相上下，实力相当。但为什么说半斤八两，而不是半斤五两呢？其实，在中国古代一斤等于十六两。

人类对数和量的认识可以追溯到原始社会。在制造最简单的工具时，人类就有了量的概念，并开始进行测量活动。春秋战国时期，各国的度量衡器具得到了快速发展，但量值不统一，单位的大小和名称也各不相同。秦始皇在统一了六国后，为了巩固中央集权，促进经济发展，制定了统一的度量衡标准，从根本上奠定了我国度量衡制度的基础，这也是社会文明进步的重要标志。今天我们要讨论的就是度量衡中的"衡"。

度　　　　　　量　　　　　　衡

《汉书·律历志》中记载"衡权者：衡，平也；权，重也"。"权衡"是中国古代用于计量质量的器具名称，古人将"权衡"视为公平和公正的象征。"权"原指秤锤；而"衡"原指秤杆。权衡即为用权（秤锤）来称物体质量。

我们都熟悉的成语"半斤八两"，其隐含的意思是半斤等于八两，也就是说一斤等于十六两。为什么当时的质量单位不像"度"和"量"那样使用十进制，而使用十六进制呢？

相比起长度，质量单位不能像直尺那样直接在一条线段上简单地划分为十等份。如果采用十进制，将一斤二分（除以2）一次，得到五两（半斤）之后，再继续划分，就会用到小数，计算时会复杂而不便。然而，采用十六进制计算时较为简单，因为16是2的四次方，因此，可以将16持续地进行二分，即使没有精确的小秤，也可以通过持续的二分逐渐分出一两一两的分量。

▲木衡与铜环权

在中国传统的质量单位中，最常用的是"斤"和"两"。在这之上还有"钧"和"石"，在这之下有"锱""铢"和"钱"等，我们在很多成语中都能看到它们。"千钧一发"一词中的"千钧"指的是三万斤，用来形容形势十分危急；而"锱铢必较"则是指对很少的钱或很小的事都要计较，常用来比喻人不大度。《汉书·律历志》中记载的质量单位依次为铢、两、斤、钧、石……二十四铢合一两，十六两合一斤，三十斤合一钧，四钧合一石。

自秦始皇统一度量衡开始，一直到新中国成立之初，我国一直使用一斤等于十六两的量制。1959 年，国务院发布了《关于统一计量制度的命令》，确定将原来的一斤等于十六两的标准统一改为一斤等于十两。

古往今来，各国都采用过多种名称各异的质量单位，比如英国的磅和盎司、俄罗斯的普特等。随着历史的发展，质量单位逐渐走向统一。如今，"千克"作为国际单位制中质量的基本单位，是日常生活中最常使用的基本单位之一。

古代的计时神器

两个数相加，两数"和"并，得出的结果叫"和"；两个数相减，相"差"多少，得出的结果叫"差"；两个数相乘，一组一组累"积"，得出的结果叫"积"；但两个数相除，得出的结果为什么叫"商"呢？这就不得不提到我国古代的计算工具——"漏刻"。

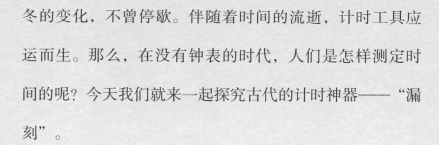

四季更替，寒来暑往，从古至今，自然界周而复始地演绎着春夏秋冬的变化，不曾停歇。伴随着时间的流逝，计时工具应运而生。那么，在没有钟表的时代，人们是怎样测定时间的呢？今天我们就来一起探究古代的计时神器——"漏刻"。

最初，人们发现水从水桶裂缝中滴漏出来时，具有一定的规律，便利用此规律制造了"漏刻"。漏是指带孔的壶，刻是指有刻度的浮箭，刻立于漏之中，能随着水位的变化而上升下降。看箭杆上的标记，就能知道具体的时刻。

我们现在经常说的"一刻"就是因"漏刻"而出现的。"漏刻"中的一桶水滴完要一昼夜，开始人们将箭杆上的刻度平均分成了100份。根据我们现在的计时单位，一天有24小时，1个小时有60分钟，一天有24×60=1440（分钟），根据一天漏掉100刻度的水，可以计算出箭杆上一刻度所代表的时间是1440÷100=14.4（分钟）。

后来，随着时代发展，各个朝代都对"漏刻"进行了改进，在清朝《时宪书》施行后，人们正式将一昼夜的100刻改为96刻。那么箭杆上一刻度所代表的时间也就变成了1440÷96=15（分钟），之后，人们就把一个刻度代表的时间定为了15分钟。就这样，"刻"成了时间单位，并沿用至今，人们常说的"一刻钟"就是15分钟。

那"漏刻"又跟除法中的"商"有什么关系呢？《广雅》中曾记载："商，度也。"由此看出，在古代，"商"表示计时工具"漏刻"中的刻度。漏刻浮箭上的"刻度"是平均分的结果，每一份都是一样的长度。"商"的本义也是将一个数平均分，这便是除法的结果叫作"商"的原因。

箭

浮舟

明白了商是由刻度得来的，那就很容易理解为什么我们平时所说的智商就是智力的程度的意思了。

时间单位和计时工具承载着人们对时间的敬畏和对生命的尊重，计时工具一代代更迭发展的背后，同样闪烁着匠心独运的中国智慧。

普洱茶饼为什么是357克

"悠悠驼铃声，瑟瑟清谷风。"一队队马帮穿梭在崇山峻岭中，他们边走边哼唱边疆小调，翻越雪山、穿过峡谷，在中国西南被称为"绝境"的地表上走出了一条商贸通道——茶马古道。茶马古道，兴于唐宋，盛于明清，解决了千百年来高原藏族人民的饮食问题。最重要的是，在这条古道上，普洱茶从名不见经传的茶品，一步步走出山区，走向了世界，甚至成为代表一方的"文化标签"。

古时候，物流并不发达，运输大多依靠马匹或骡子，若是将普洱散茶压成饼或砖等形状，就可以增加茶叶的运输量，因此常见的普洱茶大多是将普洱散茶通过蒸压等一系列工序塑形而成的。这种紧压茶根据形状不同可以分为方形茶砖、碗形沱茶、圆形茶饼等。圆形的普洱茶饼，在古代称为"圆茶"，也叫"七子饼茶"，每个茶饼的质量大多是357克，有不少人会疑惑为什么是357克，为什么不凑个整呢？

我们首先从历史原因说起，对于当时的涉边交易，政府为便于统计、交易、征税等，制定了强制性的标准，规定每饼重7两，7饼为1筒，32筒为1引（当时16两为一斤）。

根据每饼重 7 两，16 两为一斤， 7÷16=0.4375（斤），可以推算出每饼重 0.4375 斤。

1 筒 =7 饼 ×0.4375 斤 / 饼 =3.0625（斤）

1 引 =32 筒 ×3.0625 斤 / 筒 =98（斤）≈100 斤

那么从什么时候开始，普洱茶每个茶饼的质量变成 357 克了呢？清末民国后，七子饼茶随华侨销售到了海外，茶饼的质量计量单位也脱离了中国传统的"两"，改用国际通用的"克"。当时为了配合出口，中茶公司要求下属茶厂生产每件 30 千克的普洱茶。按照国际计量单位，一件是 30 千克，每件有 12 筒，每筒是 7 饼。因为 30 千克 =30000 克，这样算下来每饼的质量就是 30000 克 ÷12 筒 ÷7 饼 ≈357 克。

除了现实中的数学问题，357 中还蕴含着中国的文化传统。因 3+5+7=15，每月的 15 日为月圆之日，是相聚的日子，象征阖家团圆。同时，七子饼茶也是当地人们寄托祝福的一个载体。在云南少数民族文化中，七子饼茶中的"七"字是一个带有美好寓意的数字，象征着人满月圆，多子多福。因此，在云南少数民族中，七子饼茶常作为逢年过节人们互相赠送的礼品，用以祝贺家和万事兴。

环环相扣，妙趣横生

《红楼梦》中有这样一段描写，周瑞家的下人送宫花，找不到黛玉。

原文："谁知此时黛玉不在自己房中，却在宝玉房中大家解九连环玩呢。"你们是不是好奇，让林黛玉痴迷的九连环是什么东西呢？九连环是一种流传于中国民间的智力玩具，与七巧板、华容道、鲁班锁并称为我国古代四大智力玩具，凝结着中国传统文

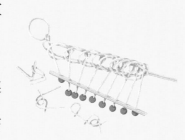

化的精粹，具有很强的趣味性。九连环由 9 个相套连的圆环和一只长形的框柄所组成，以解开为胜，故而得名。16 世纪，九连环传到国外，被外国人称为"中国魔方"。九连环不仅是一种有趣的智力玩具，它还蕴含着深奥的数学原理，有助于培养人的逻辑思维，因此也被称为"巧环"或"智环"。

那么九连环到底怎么玩呢？

九连环的环与环是互相牵制的，它的解下和套上是一对逆过程。在拆解时你会发现，如果想解下第 n 个环，需要满

足两个条件（第一个环除外）：一是第 $n-1$ 个环在架上；二是第 $n-1$ 个环前面的环全部不在架上。也就是说，本质上要从后面的环开始解，而先下前面的环，是为了下后面的环，前面的环还要装上，不算真正地取下来。套上一个圆环与解下一个圆环的过程正好相反，所需要的次数相同。如果按照这个规则解开九连环，最少需要移动多少次圆环呢？

为了弄清楚解九连环的步数，我们可以先从最简单的一连环开始。

解一连环需要 1 步：一下。

解二连环需要 2 步：二下，一下。

解三连环需要 5 步：一下，三下，一上，二下，一下。也就是解一个一连环，再把最后一个环解下，再上一个一连环，再解一个二连环，用算式表示为 1+1+1+2=5。

解四连环需要 10 步：二下，一下，四下，一上，二上，一下，三下，一上，二下，一下。也就是解一个二连环，再解最后一个环，再上一个二连环，再解一个三连环，用算式表示为 2+1+2+5=10。

解五连环需要 21 步，就是解一个三连环，再解最后一个环，再上一个三连环，再解一个四连环，用算式表示为 5+1+5+10=21。

以此类推，解 n 连环，就是先解一个 $n-2$ 连环，再解最后一个环，再上 $n-2$ 连环，再解 $n-1$ 连环。根据这一规律，可整理出一连环至八连环的算式，汇总表如下。

连环步数算式汇总表
一连环的解法步数=1
二连环的解法步数=2
三连环的解法步数=1+1+1+2=5
四连环的解法步数=2+1+2+5=10
五连环的解法步数=5+1+5+10=21
六连环的解法步数=10+1+10+21=42
七连环的解法步数=21+1+21+42=85
八连环的解法步数=42+1+42+85=170

由此可得出，拆解一个九连环就是解一个七连环，再解下最后一个环，再上一个七连环，再解一个八连环。用算式表示九连环的拆解步数为 85+1+85+170=341。

一上一下是手脑的默契，一拆一装是智慧的沉淀。其实拆解九连环并不难，只是在拆解的过程中，需要记住规律，不断地将环套上套下。

两千多年来，连环已经从一种智力游戏逐渐演变为一种文化，陕北民歌有《九连环》，三十六计里有连环计，中国刺绣中有连环针的绣法。唐代诗人李商隐的《赠歌姬》中曾云："水精如意玉连环，下蔡城危莫破颜"，以"如意""玉连环"两件美物形容歌姬的容貌和音色之美。小小连环，流传千年而不衰，征服了无数中外爱好者，是中华民族传统文化中一颗璀璨的明珠。

地震逃生中的生命三角

地震在全球范围内时有发生，那么，当地震来临时，哪里才相对安全呢？地震预防专家指出，发生地震时，要找可以构成三角区的地方去躲避，比如大而坚实的物体旁。在这些地方躲避，相较于开阔地带，能够大大降低受到强烈撞击或压伤的风险。

这其实是利用了三角形的稳定性。我们来做一个简单的小实验。我们找来若干根粗细不同的木条，先用钉子将它们首尾相接，形成三角形、正方形、五边形等不同的形状，然后用力摇晃，你会发现除了三角形，其他形状都很容易被拉动变形，三角形却非常牢固，就像一座坚不可摧的堡垒！

我们再来看看地震的时候怎么找三角区域。当地震发生时，我们的房屋会遭到严重的破坏，屋顶会掉落，楼体也会垮塌，此时我们要躲在大床、桌子、沙发、汽车等质量较好的支撑物旁边。这样当楼体垮塌，大块的石板掉下来时，石板一头会先砸到地面，另一头有可能会被支撑物支撑住，从而形成一个三角区域，躲在这个三角区域内便有机会逃生。另外，地震专家告诉我们，在地震中躲到卫生间或厨房这些小空间里也更安全，因为这些地方更容易形成自然的三角区域。

平时我们一定要多多观察，用心记住哪些地方容易形成三角区域。这样，发生地震时，我们才能快速躲到这些三角区域里，保护好自己。

海拔知多少

世界上有一座山峰，它就像一个霸主，稳稳地坐在全球最高峰的宝座上，它就是珠穆朗玛峰！它的海拔高达 8848.86 米。海拔是海拔高度的简称，人们为了清楚地描述地球表面物体的高度，便把海平面定为"0"点，把地面上某个地点高于或低于海平面的垂直距离叫作这个地点的海拔高度。由此可知，珠穆朗玛峰的山峰顶端与海平面的垂直距离就是 8848.86 米。

我们国家在测量海拔的时候，都是以黄海的海平面作为起点来算的，但是每个国家选择的海平面是不一样的。所以，在测量海拔的时候，要注意使用当地的海平面，这样才能确保测量结果的准确性。例如，巴拿马运河的太平洋侧海平面就要比大西洋侧海平面高 20 厘米。

地球上会不会有低于海平面的地方呢？那就不得不说到新疆吐鲁番

盆地了，它是世界上海拔最低的盆地，大部分地面都在海拔 500 米以下，最低点的海拔高度约为 –154.31 米，是中国陆地上的最低点。看到这儿你可能有疑问，"–154.31 米"是什么意思呢？在解决这个问题之前，我们需要明确什么是负数。负数，就是小于零的数。相应地，大于零的数被称为正数。通过在正数前添加"–"，我们可以将正数转换为负数。值得注意的是，随着正数的增大，添加"–"后，数值会相应减小，如 –1 ＞ –2，–2 ＞ –3。在测量海拔高度时，我们用正数来表示高于海平面的地方的高度，用负数来表示低于海平面的地方的高度。现在我们就明白了，–154.31 米表示吐鲁番盆地最低点比海平面低大约 154.31 米！

海拔高度看似和我们的生活关系不大，其实，海拔高度对我们的生活有很多实际的影响。例如，气象预报需要根据海拔高度预测天气，还有地形研究、军事行动等，都需要知道海拔高度才能更好地开展。通过测量和计算海拔高度，我们可以更好地了解我们生活的这个世界。

现在我们来算一算珠穆朗玛峰与吐鲁番盆地之间的海拔相差多少吧！当我们计算高于海平面的地点与低于海平面的地点之间的海拔差时，要用正数减去负数，8848.86–（–154.31）。看，减号后面的数是负数，就需要用括号括起来。计算的时候，正数减去负数就相当于用正数加上负数的相反数，比如减去 –154.31 就要加上 154.31，也就是

8848.86+154.31=9003.17（米）。

其实生活中的很多计算都需要负数减法的参与，如温度的计算，北极的最低气温记录是 –70℃，而南极的最低气温竟然达到了 –89.6℃！我们可以用大数减去小数的方法来计算它们之间的差值：–70–（–89.6）。计算的时候把 –70 和 –89.6 的负号去掉，看哪个数大，就用大数减去小数，也就是 89.6–70=19.6℃。因此，我们可以说北极的最低气温比南极高 19.6℃，或者说南极的最低气温比北极低 19.6℃。再比如我们买东西的时候，花出去的钱叫作支出，记为负数。如果你和你的朋友每人都有 30元，你们分别支出 10 元和 15 元，记为 –10 元和 –15 元，那么你们的支出相差几元呢？试着算一算吧。

现在，我们来玩一个超级酷的想象游戏！如果地球上所有地方的海拔高度都来个正负大反转，世界会变成什么样子呢？马里亚纳海沟会不会变成全球最高的山峰，喜马拉雅山脉会不会变成深深的海沟？让我们一起脑洞大开，去探索发现自然界的奥妙吧！

京杭大运河

2500 多年前，我们古人挖了好几百年，挖出了世界上最长的人工运河，它就是京杭大运河。京杭大运河与长城、坎儿井并称为中国古代三大工程。千百年来，京杭大运河通南北、连古今、向未来，犹如一部流淌在华夏大地上的史诗，见证了华夏民族的荣辱兴衰。

京杭大运河南起余杭，北至涿郡，也就是现在的杭州到北京。春秋时期，这条人工运河由历代统治者命人督工修建，直到隋朝，京杭大运河才最终实现南北通航。京杭大运河全长约 1800 千米，约是世界上第二长的人工运河——伊利运河长度的 3 倍。据统计，京杭大运河的通航里程目前是苏伊士运河通航里程的 16 倍、巴拿马运河通航里程的 33 倍。那么伊利运河、苏伊士运河、巴拿马运河各约多长呢？

京杭大运河在历史的长河中，见证了王朝更替，在这个过程中，它也经历了诸多改造。明清时期，京杭大运河经过修整，截弯取直，舍弃了中心洛阳，从杭州直至北京。

京杭大运河为古代的水上运输做出了巨大贡献，人们利用运河"南粮北调"，动辄几万斤、几十万斤的粮食从南方运到北方。水上交通的优势是成本低、运输方便、占地少；劣势是运输缓慢。古代的马车是以40千米左右的时速行驶的，船的航行速度要慢很多，水流的快慢也会对船的航行速度造成影响。假设静水船速为15千米/小时，水流速度为5千米/小时，顺水时的船速=静水船速+水流速度，即15+5=20（千米/小时）；逆水时的船速=静水船速－水流速度，即15-5=10（千米/小时）。也就是说，船的航行速度区间为10~20千米/小时。1800千米的路程，马车跑完只需要45小时，水上航行则需要90~180小时。

京杭大运河是一个伟大的工程，虽然修建它时劳民伤财、费时费力，但它惠泽万民，惠泽后世百代。"至今千里赖通波"，即使是在交通如此便利的今天，经修葺后全线通水的大运河，也为我国南水北调、物流运输等方面提供了非常多的助力。京杭大运河建成后，沿运河一带商业活动蓬勃兴起，借助水利之便，往来客商开始活跃于历史舞台。

山东济宁正是借助漕运（利用水道调运粮食的一种专业运输方式）推动经济发展的典型案例。济宁居运道之中，地理位置优越，许多南方商人经运河行商后在此落脚生根。现居住在运河畔的济宁市民孙留成的祖先就是运河商人，清朝道光年间，原本居于扬州的孙氏"允"字辈三兄弟借助运河之便，乘船在运河上贩卖茶叶，在济宁中转时遭遇歹人焚毁了货物和船只，但是多年的水上经营培养出了他们灵活多变、坚韧不拔的个性，他们决定在济宁东山再起，孙家兄弟或经商或行医，在运河畔立业安家。清末动荡时期，孙家后代借助运河做粮食生意，中华人民共和国成立后，孙留成在运河边从事码头装卸行业，后担任公司经理，他的妻子与他在同一个公司，这对"运河伉俪"见证了运河的历史变迁，是实实在在的"运河人"。

在南京、杭州等旅游胜地，都有依托运河而规划的旅游商业街，位于杭州的"小河直街历史文化街区"，自南宋时期就是重要货运码头，2007年修复后，恢复了很多清末民初风格的建筑，夜景非常美丽，感兴趣的读者可以去看看。

数学龙卷风

"一只南美洲亚马孙河流域热带雨林中的蝴蝶偶尔扇动几下翅膀，可以在两周以后引起美国得克萨斯州的一场龙卷风。"这是美国气象学家爱德华·洛伦兹提出的"蝴蝶效应"。

什么是龙卷风呢？龙卷风是一种自然灾害，是一种强烈的、旋转的空气涡流，通常伴随着强烈的风暴或者飓风出现，通常呈漏斗状或圆柱状。龙卷风可以分为多涡旋龙卷风、陆龙卷风、水龙卷风、火龙卷风等。龙卷风的云柱从高空延伸到地面，破坏力强，所到之处飞沙走石，高等级的龙卷风甚至会破坏汽车和房屋。

龙卷风的形状可以看作不规则的圆柱体，从高空延伸至地面，底面是一个圆形，直径范围为几十米到数百米，平均直径为 200 米 ~300 米，特别大的龙卷风的底面直径能达到 1000 米，但十分少见。

虽然龙卷风的底面直径较小，但是龙卷风的破坏范围却很大，破坏直径可达到 1 千米 ~2 千米，半径为 500 米 ~1000 米。按照圆的面积 $S=\pi r^2$ 计算（π 取 3.14），

最小面积 $=3.14 \times 500^2 = 785000$（平方米）$=78.5$（公顷），最大面积 $=3.14 \times 1000^2 = 3140000$ 平方米 $=314$ 公顷，所以，龙卷风破坏面积约为 78.5~314 公顷，面积非常大！

龙卷风的体积是多少呢？以水龙卷风为例，按照其最小半径为 25 米，高度为 1000 米来算，这个龙卷风的体积 $=Sh=\pi r^2 h=3.14 \times 25^2 \times 1000=1962500$（立方米）$\approx 200$（万立方米），相当于一个小型水库的容积。

龙卷风的破坏力极强，可以分为以下几个等级。

等级	F0	F1	F2	F3	F4	F5
风速（米/秒）	<32	33~49	50~69	70~92	93~116	117~141
出现概率	29%	40%	24%	6%	2%	<1%
受害状况	程度轻微	程度中等	程度较大	程度严重	破坏性灾害	毁灭性灾难
具体表现	树枝折断	房顶被掀飞	大树被吹倒	汽车被掀飞	房屋被刮走	高楼被刮走

龙卷风实在是太可怕了，这里教大家一些躲避龙卷风的小妙招。如果在家里，要远离窗户，躲在靠墙的位置或者躲到与龙卷风运动方向相反的小房间里，最好躲在地下室；如果在野外，要朝着垂直于龙卷风移动的方向奔跑。

假设下图中直线 l 是龙卷风的移动路径，O 是龙卷风此刻的中心点，d 是它的底面直径，如果想知道城市 A 是否会被龙卷风破坏，预计多长时间会遭到破坏，还有多长的疏散时间，我们可以这样计算。

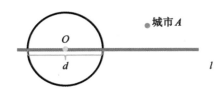

（1）从城市 A 向龙卷风的移动路径 l 作垂线，若城市 A 与 l 的距离 a 大于龙卷风的底面半径 $\dfrac{d}{2}$，那么城市 A 就是安全的。

（2）若城市 A 与 l 的距离 a 小于龙卷风的半径，城市 A 就会遭到龙卷风的破坏。城市 A、垂线交点 B、龙卷风中心点 O 形成一个直角三角形，两条直角边的长度为 a 和 b，斜边长度为 c，根据勾股定理 $c^2=a^2+b^2$，如果测量出 a 和 b 的长度，就可以求出此刻龙卷风中心到城市 A 的距离 c，那么城市 A 距离被龙卷风破坏还剩下 $c-\dfrac{d}{2}$ 的距离，再根据数量关系：路程 ÷ 速度 ＝ 时间，用 $\left(c-\dfrac{d}{2}\right)$ ÷ 龙卷风的速度，就能求出城市 A 还有多长的疏散时间。

知识链接

1."千米／小时"和"米／秒"都是速度单位，两者之间的换算公式：

1 米／秒 =3.6 千米／小时，1 千米／小时 ＝$\dfrac{5}{18}$ 米／秒（1 千米 =1000 米，

1 小时 =3600 秒，1 千米／小时 =1000 米 ÷3600 秒 ＝$\dfrac{5}{18}$ 米／秒）。

2.勾股定理：$c^2=a^2+b^2$。